La Licorne et l'Instant

Sandrine ADSO

La Licorne et l'Instant

Soudainement de mon désir au tien, se pose l'éventualité d'une communion en quête de notre réalité.

© Sandrine ADSO, 2022
Édition : BoD - Books on Demand, info@bod.fr
Impression : BoD - Books on Demand, In de Tarpen 42,
Norderstedt (Allemagne)
Impression à la demande
ISBN : 978-2-3221-7460-7
Dépôt légal : Mars 2023

Ce jour

Ce jour ressemble au bleu
De l'océan amoureux.
Ce jour ressemble à la nuit
Qui l'entraîne à l'infini
Vers des paradis perdus, des paradis enfouis.

Et ton visage caché, derrière la première feuillée,
Symbole de la semaison à nouveau acceptée.
Le premier buisson
Au clair de ta saison
Cache soit une larme, soit un sourire,
Pour m'emmener dans ce voyage qui m'empêchera de mourir.

Tu es mon premier jour
Et je le décline au rythme du vent
Tu es la bouche d'amour
Assoiffée de baisers foudroyants.
Et ce tonnerre, qui régit ton sang
Me fait connaître cet unique diamant.
Celui qui offre à tes yeux l'éclat du génie,
Un génie qui recherche encore le paradis.

Alors, viens prends ma main
Et emmène-moi doucement dans le lointain.
Où, près de toi je n'aurais peur de rien.
Tu es la lumière vibrante dans ma nuit :
Le début du cosmos qui se pose dans ton infini,
Et ce temps éclaté, tu me l'offres comme une fleur
Et ce temps éclaté, me parle le langage du bonheur.
Des nuits qui chantent,
Et qui ont même l'audace de rêver
À ta voix qui ne m'est jamais absente
Et qui frémit au cours du sablier.

La Liberté

La liberté rassemble tous les hommes
À chacun autour de la jolie pomme
Dévorée par l'amour, fruit du délire du dernier songe,
Laisse-moi plonger depuis la falaise qui longe,
Ton secret,
Ta cabane cachée.

Tu vis heureux, loin des prisons
Tu vis audacieux, au parfum de mes frissons.
Tu vis, cette vie dont tous les prisonniers rêvent,
En levant le phallique glaive
De ton premier désir
Accepté pour tout cet avenir,
Que l'éternité
T'a cédé.

Ta liberté, décline de longs horizons
Autour desquels ruissellent les sons
Sur les courbes de mes nuits d'été.
Alors, je vais avec toi,
Écouter venir tes pas
Où les enfants jouent entourés de soleil,
Alors la matrice universelle accueillera la merveille.

Un bouquet de rires et de chants
Une cueillette de fruits d'un printemps,
Qui s'est fait attendre trop longtemps,
Mais qui promet son retour
Toujours riche d'amour
Comme une vague de lune insaisissable.
Oui, la liberté n'est pas périssable !

Je laisse les oiseaux venir jusqu'à toi,
En franchissant les océans.
Je murmure dans ton cou, tous les mots de ma voix,
Et je te contemple éternellement puissant.

Tu es le souvenir de ma première course dans le vent,
Tu es le pardon, posé à côté de tes tourments,
Sur l'arche de marbre blanche,
Posée dans le denir de mes hanches.
Et que Dieu me pardonne d'aimer
Trop cette liberté de t'aimer.
Un cadeau que tu m'as offert
Le jour où tu as mis mon cœur à découvert.

Cette liberté de redresser la trace de l'horizon,
Sur les chemins des lignes de ton front.
Le trait est souple, aquatique
Comme les courbes d'un dauphin exotique,
Tu réunis dans le creux de tes mains
Tous mes secrets du matin :
Le premier s'appelle liberté
Et j'ai bien trouvé la clef
Au creux du rêve d'un baiser.
Le deuxième s'appelle éternité
Il s'écoule insouciant au clair du sablier :
Cette poudre qui caresse le cristal,
Dans cet espace intersidéral
Où les étoiles ne dorment jamais
Et dansent toute la nuit sur les genoux d'une mère adorée.
Le dernier porte ton prénom,
Transporté depuis toute la terre, jusqu'à Sion.
David, roi bien-aimé de Dieu.
Tu as fait honneur à toute la lignée des hébreux,
Parce que tu es d'abord ce berger

Qui sait dessiner les astres dans la clarté.
Surprenante liberté d'une renaissance
Des merveilles et de leur évanescence.

Et j'aime cette liberté
Depuis ma plus haute tour.
Où jour par jour
Depuis son sommet
Je m'élance pour voyager
Et je me fais colombe du poète.
Les ailes tremblantes dans un souffle que rien n'arrête.

Ce vent, ce vent devient sacré
Oriflamme transparent de la liberté.
Je chante avec toi
Et je sais qu'au fil du temps
Ma mélodie retournera toujours à toi,
Portée par les vents ou par la licorne et son élan.
Vague de passion, et de bonheur pas encore avoués
Tu es toute mon éternité.

Je reviens

Je reviens te caresser la main
Pour faire danser le vent avec toi.
Te redonner un instant de moi
Je reviens te caresser la main
Pour t'emmener jusqu'à nos lendemains.
Le spectacle de ce clown triste quand tu ne lui souris plus,
Les chevaux qui ont laissé les ballons se perdre dans la rue.

Je viens te voir chanter et danser
Pour m'asseoir à tes côtés
Et t'offrir, rires et sourires.
Le clown ne pleurera plus et faira taire les vampires
De ce cirque dans lequel la ballerine s'élance
Te proposant amour et danses
Sur le fil léger où se posent la grâce et la beauté.
Toutes les lumières seront allumées.

Le matin aussi reviendra
Avec le coffre de tes bras.
Première cachette pour nos secrets
Que personne n'osera dévoiler.
Je reviens au milieu de ta nuit
Te chercher assoiffé dans le désert qui pleure et crie
Oui, tu auras ma bouche pour boire
À nouveau l'espoir.

Nos routes se rejoignent au premier jardin
Et l'inspiration doucement filtre le matin
Avec le dernier soleil et les nouvelles étoiles.
Tu es l'aurore du premier matin qui te veut boréale,
Avec ces défilés de lumière
Qui dansent dans l'espace et l'éther.

Viens, je t'invite à respirer
Les parfums de la voie lactée
Aussi doux que le nectar volé par le papillon.
Alors les odeurs et les couleurs se mêleront
À ma chevelure dénouée par amour.
Tu es le retour du jour
La nuit qui ose l'interdit
Jusqu'au petit matin de la folie.

Viens, je t'invite dans le pays de mon délire
Là où la larme fait l'amour au chapelet du rire.
Là où recommence, la beauté de ce sourire
Qui me manque tant.
Reprenons le temps
De nous aimer silencieusement,
Dans le fond des océans
Où tu as couché la quille de ton voilier
Où je me suis couchée nue et attristée,
De te voir jouer avec les sirènes au corps blanc ;
Je ne peux rien faire et pourtant
Je t'éloigne de la Gorgone,
Je t'éloigne de Méduse qui frissonne.

Plus jamais, je ne laisserais les oiseaux se taire
Pour toujours, vibrera la prière
De ces amants bienheureux qui ont ouvert le printemps
Alors, je te le dis : je reviens maintenant.

Ouvre tes bras
Et laisse-moi courir à nos rendez-vous.
Je murmurerai tout bas
Les salutations à ces êtres fous
Qui posent sur les murs de notre chambre,
Les diapres et les ambres.
D'une Odyssée où Ulysse enfin revient

D'un voyage de tous les matins
Mendiant
Mais roi d'Ithaque,
Et qui parmi tous les prétendants
S'agenouille près de moi, tel un lac
Dans la clairière
Pour allumer nos lumières.
Alors Pénélope pourra s'agenouiller
Sur sa toile chaque jour tissée
Et qui t'attend pour recommencer.

L'amour n'a pas de rendez-vous
Je peux t'aimer sans être près de toi.
L'amour a tous les rendez-vous
Où le temps ne se défile pas.

Je reviens avec le fil de soie
De mes mots
Te murmurer à bientôt.

Les retrouvailles

Tandis que tu marchais sous cette pluie d'orage,
J'ai perdu toute mémoire, mais non, mon âge.
Je ne sentais que mon cœur battre
Violent dans son désir de combattre,
Ton absence…
Ton absence, le silence
De la mélopée du murmure de tes yeux
Lorsqu'il voit mon cœur heureux.

Tandis que la nuit s'endormait
Dans tes bras pleins de baisers,
Je n'ai pas cessé d'attendre le matin
Où enfin, je peux dire : tu reviens !
Les secondes loin de toi
Sont comme un feu qui ne s'éteint pas
Et qui dessinent des ombres sur une caverne bleue,
Je sais que tu m'attends au pays des dieux…
Aurais-je le droit de t'y rejoindre un seul instant ?

Moi, qui ne cherche que la vie, le temps
Et le droit d'aimer pour toujours ces portes fermées
Aux embruns de la mer salée.
Ma maison au bord de l'océan
Apprend à t'ouvrir ses portes doucement,
Comme un oiseau qui flotte entre deux vents.

Je t'attends depuis le début de l'éternité
Je t'attends depuis que le paradis a recommencé.
Cet instant hors de tous les temps,
Insaisissables
Comme les fleurs des sables,
La rose bleue du pays interdit
Tes yeux, justes endormis.

Alors, je me rapproche de la nuit
Et je verse les larmes de la vie
Qui oscillent entre souffrance et joie,
Et qui coulent pourtant, sur les statues en bois…

Les idôles de marbre ne pleurent pas,
Ne sourient pas,
Seules se présentent tes mains de roi
De Bethléem ou de Jérusalem.
Ta pureté séme
L'énergie du temps, quand il devient miracle
La douceur de mon espoir, lorsqu'il se fait oracle.

Alors des fauves bleus
Me racontent des histoires insensées
Que nous serons toujours amoureux
Que les fleurs, toujours près de nos murs seront entrelacées.

Les lions se couchent parmi les roses
Et secouent leurs crinières lorsque la première étoile explose.
Au big-bang des félins
Les biches se couvrent de satin
Et, les matins recommencent à virevolter
Dans *Les Belles du Jour*[1] qui veulent bien s'ouvrir
À la lumière du jour.

Pour mieux te retrouver,
J'irai à la porte des fées
Chercher l'étrange clef
Qui ouvre la porte de ton cœur.
La prochaine merveille du monde
Au pays de la splendeur
De cette farandole qui gronde

___

[1] Nom d'une fleur.

Avec tous les moments de joie
Qu'elle porte comme des prémices de toi.

Et quand bien même, je t'aurais cherché
J'aurais trouvé l'homme, le vagabond errant
Que j'adore depuis que s'élèvent les cieux
Les volutes sacrées
Protégées par les dieux
Des retrouvailles des futurs amants.

La douleur

Je cherche parmi la confusion de mes pensées,
Cette muse qui rend ma plume espérée.
Je voudrais lui parler,
Pour toujours la remercier.

Elle, qui est toujours présente
Même lorsque ce sont les tempêtes qui chantent
Devant ma porte. Que faire ?
L'ouvrir ou la fermer à tout jamais ?
Jeter la clé ?
L'amour est-il plus fort que ces terribles ouragans d'hiver ?
Oui, j'ose le croire et l'espère.

Pourtant la douleur est là
Devant cette petite clef de bois ;
Que la vie m'a offerte un matin
Alors que je ne croyais plus à rien.
L'amour porte-t'il le sanglot du poète ?
L'amour sublime n'est-il pas une perpétuelle fête,
Que de voir certains jours se jouer de la souffrance
Des mortelles faces à la terrible exigence :
Le plaisir et la joie…
L'amour c'est aussi le cri du pourquoi,
Qui ne comprend pas qu'un beau jour, c'est la tempête,
Pleine de vents, de glace et de frimas
Qui vient se poser devant la vie, alors qu'elle était en fête.

Il y a le temps du doute et le temps de la pensée,
Il y a le temps de la douleur de tes mots
Qui se transforment en milliers de cristaux
Et qui poignardent mon cœur, et laissent l'encre couler
Plus vite que mes larmes.

Quels sont les élixirs et les charmes
Qui gouvernent le romantisme d'une femme amoureuse ?
La clef de bois est-elle condamnée à devenir poudreuse ?
Quelles créatures magiques lui donneront la force de l'acier ?
Pour un laps d'éternité ;
Et le surnaturel de la salamandre pour traverser le feu.
Ce feu, lui-même joueur qui naît dans le creux
D'un arbre et qui ne consume qu'à sa guise.
L'âme d'une femme qui ne se déguise
Que pour éloigner de toi, toutes les souffrances
Sans même penser à ces démons qui retirent les chances,
À la douceur,
Et qui finalement au fil des heures
Se transforment en pardon
Alors faites résonner les violons.

La douleur est un sentiment violent
Que l'amour peut cependant raisonner,
L'amour est un sentiment qui trouble la surface des eaux lentement
Et dessine avec espoir le sourire des fées.

Ma douleur est plus grande si c'est toi qui en est la victime
Ma douleur se transforme en abîme,
Si je sens que c'est toi qui a mal,
Si je sens que je t'ai fait mal.

Alors à ma souffrance se mêle la demande du pardon
Les plus belles fleurs sont souvent envahies par les ronces les plus tenaces.
Ô toi, ma jolie muse sans nom
Donne-moi la force de reconquérir l'espoir fugace
Qui aveugle, ne sait plus où soufflent tes vents !

Tu es ma raison, mon doute, mon amour et mon tourment
Et qui se veulent secrets en pleine clarté du jour,
Pour qu'en honneur à Aphrodite, se renforce encore et toujours mon amour.

Demain

Le temps sera comblé du poids de la nuit,
Où j'aurais encore une fois dit oui,
À ces visiteurs nocturnes qui cherchent à me soulager
Des terribles douleurs du passé ;
Et je verrais dans un rêve bleu, les monstres se transformer en jouet.
Pour disparaître dans un temps qui aujourd'hui est en train de mourir.
Pourtant, la licorne continue de sourire.

Oui, demain matin ce sera la vie
Oui, demain matin la poésie et sa folie
Auront tôt fait de ramener la licorne bleue
À son repaire fleuri de murmures silencieux.

La licorne connaît bien ma douleur,
Et tout en respectant ma pudeur
Elle me dit que le temps
Du mauvais temps
Est passé,
Et qu'à présent je suis en âge de vivre dans l'oubli et l'amour,
Et surtout d'accepter l'éternité
Qui vers toi va chaque jour au jour.

Sauras-tu mettre les couleurs sur l'arc-en-ciel de ma lumière ?
Saurais-je t'offrir le pinceau qui effacera le nom : guerre,
Sur tous les continents de la terre,
Et plus modestement de mon univers ?

Demain, j'irai écrire
Pour raconter aux enfants de l'avenir
Que l'espoir sera toujours le drapeau que l'on ne brûlera jamais.
De quoi est fait cet espoir ?
De présence, de rêves qui deviennent vérités

D'un doux feu de cheminée dans le soir,
De tes mots que je comprendrais sans que tu m'en aies parlé.

Demain, j'entendrai ta voix dans le silence
Me dire tout cet inconnu, exempt de toutes violences
Ces promesses de bateaux sur le port
En destination de nouvelles aurores.

Demain, tu seras le capitaine de mon voilier
Et à la proue sera gravée
La fleur de chaque lendemain.
Sûrement, j'irai y poser mes mains
Pour mieux sentir ta bouche et ton pardon.

Le pardon

Aux genoux du ciel,
J'irai poser mes dentelles.
Sur ma porte presque fermée, j'irai poser le sourire
Que tu m'as appris et dans l'éclat du rire
Que j'aime entendre, je trouverai ce fabuleux trésor
Qui s'appelle pardon pour tous ces instants
Où j'aurais posé devant toi, de la boue, croyant que c'était de l'or.
Alors, pour nous aider, lentement soufflera le vent
Qui mélange l'amertume de certaines nuits à l'unique miel
Que j'ai découvert incomparable dans tout ton essentiel.

De l'espoir à la prière
Il y a une très fine frontière.
Le pardon pour aimer,
Le pardon pour à nouveau espérer.
Au bord des océans
S'agitent de grands drapeaux blancs.
Ils appellent les marins
Qui viennent parfois de si loin,
Des terres parfois inconnues ou parfois oubliées
La mémoire des anciens revisitée,
La mémoire de l'amour reconquise
Où rejaillissent les sensations exquises.
Autorisées, souhaitées
Aimer, c'est parfois pardonner.

Amants fragiles, à la merci des vents
Amants langoureux, libres devant le temps.

Je souffle un pardon, sur la bougie
Je me réveille la nuit :
Le pardon agite l'âme humaine,
Le pardon refuse toutes formes de haine.

Et pleure devant les hivers du cœur
Devant le mépris, la condamnation de l'erreur.

Le pardon accompagne la dignité,
Comme une envolée d'oiseaux sur une mer bouleversée :
Les vagues pleurent vers une plage blessée.
Seule l'écume blanchit l'obscurité.
Moment rituel où l'eau se couche sur la terre,
Roulis blancs de sel et de grains de sable-poussière.

La bouche murmure : "*pardon*"
Et met des couleurs sur ton prénom,
Tu redeviens en quelques instants aimé, respecté
Parce que la bouche aura posé sur toi la fleur qui faisait soupirer ton cœur.
En un moment, la bouche ouvrira la clairière du rêve et du bonheur.

Il suffit d'une main tendue, d'un sourire à nouveau offerts
D'un souffle léger, d'une brise souple dans la lumière.
Le pardon pose un point d'interrogation
Sur la bouche des anges,
Il ouvre la porte des prisons
Du repentir et des excuses, un spontané mélange.

Jésus est le maître absolu du pardon,
En demandant au Père de pardonner
Aux deux malfaiteurs qui sont à ses côtés
Au moment de la crucifixion :
"*Père, pardonne-leur : ils ne savent pas ce qu'ils font.*"[i]

Pardonner est une des premières bénédictions reçues de Dieu
Qui a pardonné dans le Christ,
Les sanglots des Hommes pieux
Atteignent le cœur, soignent et résistent.
"*Supportez-vous les uns les autres, et pardonnez-vous mutuellement*
Si vous avez des reproches à vous faire [sincèrement]

Le seigneur vous a pardonné
[Donnez en le reflet]."[ii]
Cette relation entre le pardon que l'on demande à Dieu
Est celui que l'on doit accorder à ses frères pieux
Est si nette que le Christ
L'a inscrite
Dans la prière
Du Notre Père.

Jésus répond très clairement à Pierre
Qui trouve que pardonner de la façon la plus complète et la plus sincère
Sept fois à la même personne est déjà le maximum.
"Je ne te dis pas jusqu'à sept fois [en somme],
Mais jusqu'à soixante dix fois sept"[iii]
Le pardon est une force que rien n'arrête !

On commence par présenter nos excuses au Seigneur
Comme Saül à Samuel dans l'Ancien Testament :
"Je t'en prie, enlève mon péché, reviens avec moi maintenant
Que je me prosterne devant le Seigneur."[iv]
Puis on se met dans l'attitude décrite dans le livre de Jérémie :
"Oui, je me repens après être revenu :
Après avoir reconnu qui je suis,
Je me frappe la poitrine [nue]
Je rougis et je suis confus,
Car je porte la honte de ma jeunesse"[v]
… Une infinie tristesse.

Mais qui connaît toutes ses erreurs ?
Dans le doute, demandez inlassablement au Seigneur :
"Purifie-moi de celles qui m'échappent."[vi]
Dieu promet de tout passer à la trappe.

"Celui à qui on pardonne peu montre peu d'amour"[vii], dit Jésus
Car l'Homme a le cœur nu.

Celui qui reçoit
Parce qu'il peut expérimenter la joie,
La paix et la liberté intérieure
Peut s'ouvrir à la possibilité de pardonner à son tour.
Le pardon précède le bonheur
Retrouvé dans l'amour.

Le rêve

Une plage, un cheval, endormis encore auprès d'un feu
Sous un soleil qui se lève lentement mais radieux.
Les songes qui poursuivent notre nuit
La mer et le vent qui s'unissent à l'infini.

Le rêve qui veut rester encore
Enfoui, secret dans nos corps,
Puis la chaleur qui monte aux mêmes instants de notre réveil,
Je te l'avoue : tu fus tout mon sommeil.
Les ombres et les couleurs
De paysages qui succèdent aux heures
Et ton visage diaphane, tel une sculpture antique.
Alors, la réalité jaillit de l'onirique.

Tu m'entoures tel un zéphyr
Et je suis heureuse, et je t'admire.
Tu es doux et humide et tu m'emmènes dans
"Les lieux où se lève l'étoile du soir [tranquillement],
Où le soleil éteint ses derniers feux."[2]
Avec toi, tout est heureux.

Lorsque je pense à toi
Je pense que je suis devant un roi
Et que mes rêves d'amour
Restent en silence devant le jour.

Alors, je cherche ton silence
Pour entrer doucement dans ton univers et abolir entre nous toutes distances
Parce que je rêve de ton rire,
Parce que face à toi je suis fragile comme un soupir.

---

[2] Ovide, *Métamorphoses* I, 4.

Tu es le piano bleu
Qui chante toutes les mélodies de l'espoir amoureux,
Tu es l'orée du rêve aussi doux que ta force
Et souvent je rêve que je caresse ton torse.

Si tu savais tout ce que je rêverais de faire avec toi :
L'amour et la découverte des plus précieuses connaissances,
Tu es ce coquillage et cet éclat
Tu es la magie et le regard immense ;
Tu es la nuit bleue
Faite pour être deux
Tu es mon plus beau rêve depuis bien longtemps,
Tu es le miracle de l'amour lié au temps.

Chaque nuit je sens ta présence
Chaque nuit je partage avec toi, l'errance
Calme et exotique dans des contrées fabuleuses
Savoir que tu existes, suffit à me rendre heureuse.

Puis,… suprême bonheur lorsque tu es à mes côtés
Et que tu mets à jour mes poèmes et mes secrets.

Laisse-moi être ton songe immaculé,
Laisse-moi respirer l'air que tes mouvements déplacent
L'espoir que ton cœur enlace ;
Tu es le rire et son silence,
Tu es la plus unique des chances
La plus grande joie qu'un homme peut offrir.
À toi, qui me livres encore ses sourires,
Je deviens la captive libérée,
Je deviens ta plus belle nuit d'été,
Je deviens la clef qui tremble dans ta main,
Et qui s'efface en un bouquet de parfums.

Tu es la nouvelle nuit
Où à nouveau, j'ai connu le venin de la folie…
Tout cet amour… ,
Tous ces jours
Écrits pour toi,
Toutes ces nuits
Tous ces premiers fruits
Que je t'offre dans mon jardin secret
Dont tu es le seul à caresser
La porte d'entrée.

Et ta bouche sculpte les goûts les plus audacieux !
Tu n'as qu'à prononcer le mot feu
Et le fruit devient jeu
De ton adolescence retrouvée.

Je ne suis que la porte d'une jeunesse ensoleillée
Prête à fleurir tes dix-sept premières années !

Tu te souviendras de la lumière de ces printemps d'amour
Qui ont reconquis d'hier à aujourd'hui, tous tes jours.

La licorne nous offre ces rêves bleus
Qui tremblent devant l'aube quand il pleut,
Et de longues collines
Se dessinent
Sur mon visage tendu
Dans le sacre de tes mains nues.

La danse

M'accepteras-tu gitane,
Puis courtisane
De tes craintes devant le feu ?

Le feu de l'amour est souvent bleu
Le feu devant lequel je danse est un conte merveilleux.
Où le plus terrible loup-garou
Finit par poser à terre ses genoux
Et à pleurer sous la lune ronde et rassurante.
Je danse, je virevolte et je chante
Pleine de jupons irisés de guitares.
Et, oui je te retrouverai après ton départ.

Je garde au fond de moi la braise de ton regard
Et je sais à chaque instant où je respire
Quelle est la lumière qui t'attire quand vient le soir.
Je m'asseois à côté d'elle et décrypte ton avenir
Dans un miroir où passent à la fois les jours et les nuits,
Dans une psyché[3] qui s'élance vers l'infini
Tel un oiseau qui revient
Après une longue course se poser dans le creux de mes mains.

Ton regard me fait danser,
Ton regard me fait poser les pas sur un chemin tapissé
De fleurs et de pierres aiguisées
Qui blessent mes pieds ;
Mais j'ignore la douleur
Et le sang coule avec lenteur
Se mêler à la poussière de tous les voyages.
Ton regard devient l'unique paysage.

---

[3] Le miroir.

Je t'attends chaque fois
Où tu t'en vas.
Sur les collines d'arpège de tes exploits
Que je célèbre dans la joie.

Dis, viendras-tu danser avec moi
Où nous nous envolerons toi et moi,
Au pays des départs et des retours ?
Nombreux et inévitables comme tous ces jours
Et en même temps, pleins de la promesse de certaines nuits
Où j'ai vu ton visage se refléter dans la corbeille fleurie
Des muses qui me font danser pour toi.
Sur les notes du *"pourquoi"*,
Murmuré par Terpsichore[4]
À laquelle mon cœur, dit encore.

Toi qui connais quelques secrets de mon âme
Regarde : pour toi j'allume la flamme
Autour de laquelle j'irai danser,
Les nuits qui prolongent mon éternité.

Et cette intemporalité devient tienne.
Et tu rejoins la clarté pâle du silène.
Et c'est dans la joie de Bacchus que seront célébrées les premières danses.
Celles qui naissent quelque part dans les transes
D'un soleil qui pénètre et transi toutes les clairières !
Oui, je te regarderai danser avec la licorne pour qui j'ai chanté hier.
Son pelage doux et blanc
Ses yeux tels deux diamants

---

[4] Dans la mythologie grecque, Terpsichore (en grec ancien Τερψιχόρα / *Terpsichóra*, de τέρπω / *térpeô*, « apprécier » et χορός / *khorós*, « la danse ») est la Muse de la Danse. C'est une jeune fille, vive, enjouée, couronnée de guirlandes, et tenant une lyre au son de laquelle elle dirige en cadence tous ses pas. Certains auteurs en font la mère des sirènes. Elle a un lien avec Apollon (dieu de la musique et de la poésie) et elle serait la muse représentée dans le tableau de Gustave Moreau *Hésiode et la muse*.

Et sa corne torsadée
Flottante entre les deux mondes entrelacés.

Mais tu ne la toucheras pas
Car même si tu es roi
Elle ne reçoit que la main d'une vierge charmée par les vents :
Oui, tu es le zéphyr qui attire la beauté dénudée
Vêtue de la soutane du temps.
Tu es ce vent que le printemps fait et défait
Qui fait rire et danser toutes les fées.

Pour te séduire, j'irai danser jusqu'à l'aube de la nuit
Aussi, tu pourras chanter dans cette compagnie
Frôlant les notes tel un grelot de cristal :
Tu rejoins les commencements et le moment final
Où la lumière monte comme un signal
Envolant avec lui, toutes les étoiles.

Le ciel a l'air éternel et inchangé
Mais ce n'est dû qu'à nos limitations humaines qui sur le ciel sont projetées.
Les étoiles sont comme nous en fait :
Elles naissent, elles vivent pendant un certain temps
Puis elles meurent définitivement.

Certaines s'éteignent doucement,
Certaines explosent mais à la fin comme nous, elles sont mortelles.
Elles ont un rapport au temps
Qui semble étrange et inhabituel.

Quand on regarde les étoiles, on regarde en fait le passé.
Beaucoup d'étoiles que l'on voit la nuit, sont déjà mortes.
La lumière et le temps se transportent.
La lumière voyage rapidement, de ce que l'on sait
C'est l'élément le plus rapide de l'univers tout entier,

Mais elle n'est pas infiniment rapide :
Elle est cependant indispensable et splendide.

À trois cents mille kilomètres, cela prend à la lumière
Plus de huit minutes pour aller de la plus proche étoile à la terre.
Autrement dit, on voit le soleil dans l'état où il était, il y a huit minutes :
Huit instants qui se répercutent.

L'étoile la plus proche du soleil
Toujours prête à monter de merveilles en merveilles
Que l'on connaisse est le système de trois étoiles Alpha Centauri
Et la lumière prend plus de quatre ans pour aller de la lumière à ici.

Il y a environ six mille étoiles visibles à l'œil nu.

Rapidement la luminosité des étoiles diminue.
À seulement soixante années lumière d'ici
Le soleil deviendrait invisible et victime de son glacis.

Seules les étoiles les plus lumineuses peuvent être vues
Des plus grandes distances, comme les connues :
Deneb, Eta Carinae et Rho Cassiopeiae.
Quand on regarde le ciel au-delà de ses nuées,
Nous voyons même les étoiles les plus distantes
Telles qu'elles sont apparentes
Comme elles étaient, il y a moins de dix millénaires.
On les distingue par leur lumière.

Mais les étoiles vivent bien, bien plus longtemps que cela
Le soleil, ainsi pour des milliards d'années continuera.
Même les étoiles les plus lumineuses qui utilisent l'énergie de leur noyeau
Beaucoup plus rapidement et tôt,
Peuvent vivre en plus un million d'années.

Autrement dit, il y a très peu de chances en vérité
Pour qu'une étoile soit en train de mourir pendant que sa lumière
Est déjà en route vers la terre.

En termes de vies d'étoiles, quelques milliers d'années
C'est l'équivalent d'un clignement d'œil,… , déjà passé !
Une étoile devrait être très, très proche de sa mort
Pour que cela arrive, après une très très longue vie, et plus encore.

Il existe très peu d'exceptions, parmi lesquelles Eta Carinae.
Elle est sur le point d'exploser :
Dans les années mille huit cents quarante, elle a vécu une énorme explosion
Pas loin d'une Supernova
Elle pourrait ne pas mourir, selon :
Pendant environ cinquante mille ans, ou elle pourrait mourir ce soir là.
De plus à une distance de moins de dix mille années-lumières,
Il y a des chances pour que d'une certaine manière
Elle soit déjà partie et que nous ne le sachions pas encore.

Mais c'est l'exception avec la vaste majorité des étoiles du sud et du nord
Qui continuent de faire leur vie,
Éclairant la galaxie.

La voie lactée est à cent mille années-lumière de nous,
Et seules quelques étoiles qui y sont ont une vie plus courte que cela.

En moyenne, environ autour de nous
On s'attend à ce que deux trois étoiles deviennent supernova
Par siècle, dans la galaxie,
Donc la lumière provenant de quelques milliers de ces explosions inouïes
Est déjà en route vers nous.

La voie lactée comporte environ deux cents milliards d'étoiles.
Le nombre d'entre elles qui sont déjà mortes est infinitésimal
Mais elles brillent toujours dans notre ciel !
Qui n'est ni figé, ni éternel.

Par ailleurs, toutes les étoiles n'explosent pas :
Certaines deviennent des géantes rouges et disparaissent petit à petit.
Ce processus ne se fait pas en une fois
Mais il prend des dizaines de millions d'années, cela nous semble infini…

L'idée que toutes ou la plupart des étoiles qu'on voit dans le ciel
Sont mortes est simplement fausse est irréelle.

Donc en regardant le ciel, la nuit, on peut être sûr que les étoiles qui sont là
Sont toujours là,
Et seront là pour un bon moment.

Les étoiles sont elles en mouvement ?
Quelle est la danse du firmament ?

Y a t'il un vent interstellaire ?
La poussière se pert-elle dans l'univers ?

Nos sons parcourrent-ils les galaxies ?
Qu'est-ce que l'infini ?

Je ne sais qu'une chose,
Ce matin, en regardant la rose :
Le monde est semblable à l'interminable danse de l'amour dans sa création,
Celle-ci produit cependant des mystères :
Jusqu'où va l'horizon ?
Pourrons-nous voyager un jour dans l'univers ?

Quel est le dieu malin qui fait découvrir la terre
Aux poètes amoureux ?
Les questions dansent autour de leurs yeux,
Et s'ils allument des feux
C'est pour qu'on les voit depuis l'au-delà…

Les poètes sont les éclaireurs du temps et de ses lois.
Ils aiment la lumière et sa danse.
Ils la suivent et demeurent en sa cadence.

Le rythme est bien celui de l'amour
Et se prolonge dans tous les lendemains du jour.

Richard Wagner[5], musicien, dramaturge, philosophe et metteur en scène
Fut sans rival dans l'Allemagne de son temps, il égrène
Sous sa plume et sous sa direction un opéra
Qui devint une *"œuvre d'art totale"* qui illuminera
Et élèvera son auteur au rang des dieux.
Le génie restant totalement mystérieux.

Obsédé toute sa vie par la fondation d'une école,
Wagner s'élève au-dessus des conventions, dans une création quasi-folle
Qui dépasse la notion d'opéra, comme un simple divertissement.
Il considère le lyrique comme le lieu d'une initiation sacrée, surpuissant.
Sous sa plume et sous sa direction,
L'opéra devient une *"œuvre totale"* qui convoque tous les arts, leurs suggestions
Censée élever son auteur au rang des dieux.
Sa folie musicale se déploie dans des passions et des feux.
Qui furent malheureusement exploités par les nazies.
Il y a le génie de Wagner et la monstruosité des ennemis.
Du sublime, il considère la tragédie
Comme un *"jeu génique solennel"*
Par lequel l'artiste s'érige en guide spirituel.

C'est ce rôle qu'il s'attribue en composant des drames musicaux
Où le texte devient musique, la musique action et l'action théâtre
Textes, musiques, actions, théâtres si beaux
Si percutants qu'ils devinrent hélas des leitmotivs pour combattre...

---

[5] 1813-1883.

C'est pourquoi il est, de tous les auteurs d'opéras,
Le premier qui écrive lui-même ses livrets
Le premier qui totalise le schéma
De l'œuvre, la plus accomplie : à voir, à sentir, à écouter.
Et le premier qui caractérise ses personnages
Par l'emploi de certaines sonorités verbales,
On peut dire que Wagner, c'est l'apothéose de tous les langages.

Il fait de l'harmonie, l'élément central
Autour duquel se construit le drame et du leitmotiv le thème
(Que l'on écoute, que l'on voit, que l'on aime)
Qui en épouse les fluctuations,
Variant en fonction de son évolution.

En 1871, Wagner choisit la petite ville de Bayreuth, pour faire construire
Le théâtre dont il rêve et fonde un festival, comme on fonderait un empire.
Dans ce théâtre, la scène a été conçue pour être l'endroit magique,
Où se produirait l'alchimie de tous les arts : poésie, théâtre, danse, musique,
Ainsi que des décors, costumes et jeux de lumière.
Sur scène, c'est toujours l'alchimie qui se fait première.

Le spectacle doit éveiller des énergies psychiques intérieures
D'une grande ampleur
Et susciter la communication effective de tous.

Le respect

J'ai croisé ton visage, le long d'un lac d'eau
Et j'y ai vu trembler quelques sanglots.
Alors, je me suis agenouillée à tes pieds
Et j'ai chanté, prié.

Je savais parler le langage de ton silence
Et j'ai compris ton errance.
Tu cherchais ici et là
Quelques feux de joie.
Alors je me suis assise à côté de toi,
Et j'ai regardé toutes les couleurs
Qui embrasent ton cœur.

J'ai admiré le rouge, le bleu, le violet, le vert le jaune et l'orange,
Qui en toi, mystérieusement se mélangent.

Ton cœur rouge
Devant l'arbre d'automne qui bouge.
Ton cœur bleu
Devant l'océan furieux.
Ton cœur violet
Devant la déesse emprisonnée.
Ton cœur jaune
Devant l'unique et dernière rose qui trône.
Ton cœur orange
Devant la farandole des anges.

L'arbre d'automne cache dans le secret
De ses ventées douces, quelques oiseaux qui continuent de chanter
Même si le printemps
A succombé devant le temps,
Pour un bref instant.

L'océan furieux ramène depuis le lointain
Des fleurs océanes aux troublants parfums.
Les ondins et les sirènes se disputent les rochers
Pour attirer et condamner les marins aux rêves éveillés.

La déesse emprisonnée ira cependant chercher
La fin de la nuit
Pour te mener contempler
L'instant apocalyptique encore enfoui.

L'unique et dernière rose qui trône pousse dans le jardin
Du savant magicien.
S'ouvre et se ferme comme le corps d'une femme
Qui dissimule en elle, les flammes
De la plus vive passion,
Les flammes des rêves et de quelques uns de leurs frissons.

La farandole des anges t'accompagne jusqu'aux rives du ruisseau interdit.
Là où en un regard, tu embrases la nuit.
Et le ruisseau te raconte des histoires un peu bleues
Un peu audacieuses, amoureuses et dignes de ce cri, qui se veut heureux.

Et je respecte l'arbre qui frissonne
Dans l'automne,
L'océan furieux
Qui tente d'atteindre les cieux ;
La déesse emprisonnée
Prête à révéler ses secrets ;
L'unique et dernière rose
Ivre de beauté, qui dans ta main explose ;
La farandole des anges
Qui descend du ciel et trouble tous les mélanges.

Parce que la terre est un jardin
Et que le jardin est un matin.

Et cette lumière de l'aurore
Amène avec elle, tous les enfants des nuits qui s'enfouissent dans l'or.

Parce que la terre fut un océan
Où la pluie et sa colère
Bouleversèrent le premier instant
Inondèrent les premiers îlots de terre.

Parce que la déesse fut emprisonnée
Dans le palais de cristal abandonné
Depuis des millénaires
Aux deux croisements des rivières.

Parce que l'unique et dernière rose
Se cache devant l'enfant qui compose
Les songes bouleversants
Les cheveux et le rire dans le vent.

Parce que la farandole des anges
A posé un sourire, puis le désordre au pays des archanges.
Mais sur la gamme de ton visage
Brillent les gemmes de la merveille sage
De cette lumière qui enjolive le soupir.
Ainsi, je comprends ton rire.

Ce respect je l'ai choisi
Puisque tu m'as dit que souvent y fleurit la vie.

L'impatience

Est comme ce cheval fougueux qui dans l'écurie trépigne et danse
Lorsqu'il a trop senti le vent de la nuit.
Lorsqu'il respire la première orée de la forêt qui l'attend, aujourd'hui.
Alors, avec les premières lueurs
Le cheval montera dans les hauteurs
Et depuis les falaises et les collines
La terre laissera trembler les premières racines
De toutes ces fleurs sauvages
Qui atteignent pas à pas le rivage,
Blond où s'épanche la licorne aux regards tremblants.

Le cheval prêt à galoper au premier vent
Veut dépasser le temps.
Et c'est dans cette course du passé jusqu'au futur
Que le présent s'annoblira en murmures.

Et dans cette course folle, jaillira le plaisir
De la liberté, de tout ce que l'enveloppe charnelle peut encore faire frémir
Aux moments du soir,
Ou dans les premières lueurs, lorsque commencent les plus belles histoires :
La licorne protège ces instants
Car elle sait que l'humain est un chant.

Aux rimes qui enlacent et en font toute la poésie,
Qui pour certains est un soupir, pour d'autres un cri.
Pour le cheval chaque instant est une impatience,
Toujours plus attendue et délibérément sans violence.

Il y a toutes ces fleurs qui longent le chemin
Signaux du domaine de vie,
Le cheval est ainsi toujours près du rêve prochain
De galoper toute sa vie, auprès des collines infinies.

Oui, je suis l'amie de ce cheval
Et je tremble devant l'intemporel signal
Qui m'autorisera à le chevaucher.
Ensemble, nous visiterons bien des terres et des contrées,
Et peut-être même découvrirons-nous des terres sacrées…
Des terres que la licorne aura parcourues depuis des milliards d'années,
Depuis que l'infini existe
Depuis que la lumière persiste.

L'infini est lumière, parce que la lumière est infinie
La lumière est infinie, parce que l'infini est infini.
Alors soyons généreux et offrons le plaisir
Sans inquiétude aucune, sans peur
De rater la porte d'or, et de mourir
Les yeux versés de l'autre côté du cœur.

Le cheval m'a conduite jusqu'à toi
Et la liberté m'a ouvert les bras,
Pour aimer, juqu'aux firmaments des étoiles
Pour aimer jusqu'à la lumière,
Jusqu'à l'instant des conjonctions spatiales
Qui nous mènera tout simplement au moment de jouissance.
Aux moments de ces joies particulières
Que l'on nomme plaisir, volupté, instants d'évanescence.

Instant où tu es accompli en moi,
Et où je t'offre un abri, un toit
Où tu pourras, quand tu le souhaiteras franchir la porte des étoiles.
Parce que tes yeux
Savent rencontrer mes yeux,
Parce que nous aurons franchi à chaque fois la fontière
Entre le bonheur et la lumière
Peut-être même du bien et du mal.

Pardonne mon impatience,
Et je comprendrais ton errance
Sur les terres sauvages de ces mystères qui me font dire de toi :
Que tu es un roi.

Acceptes-tu de gouverner mon empire ?
Acceptes-tu de laisser fuser nos éclats de rire,
Vers les cieux insondables de ces cristaux qui explosent
Et retombent à terre, comme des milliers de rose ?

Alors la licorne se couchera sur ce tapis de fleurs
Et prolongera l'écho de nos joies sur les rives de sa lueur.
Aux astres de l'unique sacrement
Que me donne tes yeux et tes rêves transparents.

Le tableau

Est ouvert à tous les matins,
Posé aux pieds du lit vénitien
Où je m'endors dans le secret de tes secrets.
Ces couleurs uniques acceptent le dégradé
D'un ciel d'été
Et d'une nuit d'hiver.

Je m'éveillerais en parlant la langue de l'univers,
Et je contemplerais les mystères d'un tableau qui n'existe pas encore,
Qui est simplement posé dans la lumière d'or.

Ce tableau est le reflet exact de ton visage
Et chacun de ces traits est un message
Pour proposer l'amour :
Tu es une ode à de nombreux jours
Passés et futurs, où le temps se laissera caresser
Par une douce main dénudée.

Le tableau est signé par le vent
Et partage tous les courants
Qui vont de toi à moi,
Lorsque tu n'es pas là.

Le vent te ramène toujours
Aux continents de mon cœur.
Sur l'un d'eux se trouve une maison toute blanche,
Sur l'autre se trouve la porte du jour
Sur l'autre encore se trouve le combat des trois lueurs ;
Enfin sur la dernière se pose un voilier, comme sur mes hanches.

La maison toute blanche accueille tes souvenirs
Et délivre de leurs écorces tes désirs.
La maison toute blanche célèbre ta liberté

Tes instants supposés ou révélés,
Toutes tes nuits effacées ou oubliées.

La porte du jour resplendit
Devant le masque posé par la folie
Au seuil de l'entrèe de la lumière
La clef d'or rouillée par les embruns de mystère,
Est posée, sagement devant l'entrée
Qui sépare les journées des nuitées.

Les trois lueurs accompagnent chaque paysage du jour :
Le matin, le midi, le soir
À la limite entre la courbe de Vénus et la courbe du soleil
À la limite entre hier et toujours,
Aux confins des arrivées et des départs :
Entre le silence et ta merveille.

Le voilier du confin des océans
S'enfonce dans les vagues de diamant,
Sillonne les vagues de l'estuaire
Effréné qui acclame les fleuves et les mers.
Ce voilier dont tu es le capitaine
Ignore tous les gouffres et toutes les géhennes
Et rassemble en quelques endroits, les écumes salées
Par les terribles années où tu as vogué
Sur l'empire des songes éclatés.

Tes tourments s'éteignent sur des falaises
Où les vents soufflent sur les braises
D'une mémoire qui ravive tes soupçons
Jusqu'à enfin de nouveaux horizons.

Le tableau sur lequel est gravé ton sourire
Conjugue avec tes larmes et tes rires,
Tout mon avenir.

Et le poète attend
Main à la plume, face aux vents
Que le premier mot effleure dans le silence, la page.
Il lui faut rassembler bien des courages
Pour affronter le grain blanc[6]
Qui galope sur les océans.

Et le poète attend
Que le tableau devienne vivant
Tel Pygmalion face à sa Galatée
Sa création adulée.

Le sculpteur Pygmalion
Tombe amoureux de sa création.
Galatée, une statue rendue vivante par la déesse de l'amour,
Qui comprend le vœu du sculpteur.
Galatée voit le jour
Dans l'amour et le bonheur.

Pygmalion est un sculpteur de Chypre, descendant d'Athéna et d'Héphaïstos
Il provient depuis l'Olympe et ses zones de cosmos,
Révolté contre le mariage à cause de la conduite répréhensible
Des Propétides, indignes et insensibles :
Prostituées ou sorcières, qui se livrent à des sacrifices humains
En dévorant leurs hôtes sans frein.
Il se voue au célibat.

Il tombe cependant amoureux d'une statue d'ivoire, ouvrage de son ciseau.
Obtenant d'Aphrodite qu'elle donne vie à la statue, en cadeau
Il l'épouse en présence de la déesse et, selon certaines versions,
A d'elle deux enfants : Paphos et Matharmé ; Deux filles, mais pas de garçons.

---

[6] Vent soudain et extrêmement violent dont les orages qui le provoquent ne sont pas visibles à l'observateur en mer.

Les noms de de Πυγμαλίων καὶ Γαλατεία (*Pugmalíôn kaì Galateía*)
Évoquent respectivement le poing, le coude, le bras
Du sculpteur travaillant au maillet et ciseau
Il découvrira l'amour sans prononcer un mot.
La couleur de la statue
Est blanche et nue
Et les propétides sont transformées en ivoire.

Aimer sa création, son golem un soir
Et le découvrir empli de vie,
Lorsque les dieux sont passés par ici.

L'œuvre, la sculpture, le tableau
Sont souvent pour leur créateur, un berceau
Un feu de joie
Dont l'inspiration, l'élan deviennent de véritables droits
Offerts par les fameuses muses.

Mais le tableau cache une ruse :
Il peut y avoir deux tableaux superposés,
Le second recouvrant le premier.

De même,
Un poème
Peut avoir plusieurs sens dans un seul vers
Là est la magie littéraire…

Alors que Galathée est unique et deviendra femme
Parmi les femmes.
Pygmalion sera exaucé
Dans ses vœux les plus secrets.

La déesse de l'amour est souvent arrangeante
Et peut tout autant être cruelle et intransigeante.
Mais devant la sincérité, la vigueur et la beauté d'un amour
Elle peut faire naître et renaître deux jours dans un même jour.

Héméra ou Héméré est une divinité primordiale
Dans la mythologie grecque ancestrale.
Elle incarne la lumière terrestre et personnifie donc la lumière du jour
Elle est douce comme le velours.

Dans la mythologie, elle est la fille d'Érébe : les Ténèbres
La divinité primordiale célèbre
Ou de Chronos, le temps et de Nyx, la nuit
Elle est l'inverse de ses parents
Ce qui est fréquent dans la mythologie,
Les liens parents enfants
Sont quelquefois surprenants.

Selon les fables d'Hygin, elle serait directement issue du Chaos primordial :
Vide d'où tout le reste provient, entité la première à être vue
Chaos serait l'entité originale
Génératrice de toutes les déités grecques connues et inconnues.
Il engendra Gaïa, la terre,
Érèbe, les ténèbres sous-terres,
Nyx, la nuit, Éros, l'amour et Tartare
Donc le soir des soirs.

Gaïa engendra à son tour Ouranos, dieu des cieux, père des Titans
Pontos, divinité de la mer, père des poissons et des créatures marines,
Et Érèbe : dieu des Ténèbres, surgit du chaos du commencement
(À l'aurore des temps)
Mit au monde l'Éther : dieu de la lumière céleste l'air
Et Héméra, la lumière du jour.
Pour proposer la gloire, de quelques créatures divines.

Selon certains auteurs, Érèbe les mis à jour
À l'aide de Nyx : divinité de la nuit, première à surgir du chaos.

Ces dix divinités constitueraient les toutes premières formes de vie
Sur la terre, et sur les eaux
Et seraient à l'origine du monde infini.

Le jour

Le jour a laissé parler sa chimère
Aux alentours des jarres de vin et du solennel Éther.
Les ombres allaient s'empresser de regagner leurs nuits
Et le matin, de rassembler les fruits interdits.

Sur la terre, encore fraîche de l'humanité
Le fruit interdit le plus souvent cité est le pommier
Parce qu'il est un arbre courant en Europe,
L'espèce de l'arbre n'est pas indiquée dans les textes.
Son évocation est une évidence et non un prétexte.
Le fruit interlope
Serait une pomme, une poire, une figue ou une grenade.

La référence fréquente à la pomme n'est pas une parade
Elle est due au fait qu'en latin *pomum* signifie fruit,
Le terme propre pour désigner les pommes étant *malum, mala*.
Ainsi lorsque les peintres ont illustré le fruit défendu ils ont le plus souvent choisi
Celui qui paraissait le mieux correspondre à ce terme là :
Pomum, la pomme.

Mais l'iconographie varie en fonction des Hommes :
Albrecht Dürer dans son tableau *La vierge à la poire*
A créé à partir de ce fruit une œuvre d'art.

Selon d'autres interprétations la pomme est restée associée au péché originel
Du fait de la traduction latine de la vulgate intemporelle
Et aussi du fait que si *malus* est le nom du pommier en latin transcrit
C'est aussi l'adjectif pour *mauvais* c'est-à-dire *interdit*.

Du fait de cette confusion, la pomme peut aussi bien symboliser l'acte sexuel
Que l'interdite connaissance spirituelle[7].

---

[7] Remet en question la condition du philosophe et du poète.

Mikhaïl Bakounine, dans *Dieu et l'état*[8] estime que le vrai nom
De ce mythe est l'accès de l'homme à la conscientisation
Qui le fait échapper à la condition animale
Et au diktat de l'instinct primordial,
Mais au prix de la culpabilité de ses actes, dont il devient
Pleinement responsable et certain.

Depuis quelques siècles, le fruit défendu porte ses lumières
Sur le symbole du péché de chair.
Toutefois, dans le texte de la Genèse, Adam et Ève sont mariés
Par Dieu, qui leur ordonne de croître et de multiplier.

Selon une interprétation répandue, le sepent du récit
Est le Diable, ou est animé par lui.

Ce récit biblique et son interprétation trouvent un lien direct
Avec le nom *pomme d'Adam*, suspect
Pour désigner le cartilage thyroïde apparent chez l'homme :
Le morceau de pomme
Croqué par Adam lui serait resté
Coincé dans la gorge.
C'est une comparaison associée
À la création et aux mystères de sa forge.

Dans plusieurs églises, on trouve une interprétation du péché divin
Avec une grappe de raisin[9].
La feuille de vigne sert d'ailleurs à cacher la nudité,
Même sur les arbres portant des pommes
La nudité et le péché
Sont bien ceux de l'homme.

_____

[8] Mikhaïl Bakounine, *Dieu et l'État*, Les éditions de Londres, 2012, longueur : 86 cm.
[9] Dans la basilique de Vézelay en Bourgogne, dans la basilique Saint-Sernin de Toulouse, dans l'abbaye Sainte-Geneviève de Paris, dans la cathédrale de Gérone en Espagne ou encore dans la basilique Notre dame du Port.

D'autres cas présentent des feuilles de figuier
Avec des figues, des pommes ou de raisins alternés.
La Bible dit : "... *ils cousirent ensemble*
des feuilles de figuier, et s'en firent des pagnes [et tremblent]"[viii].

Sur un châpiteau du monastère de Saint Pierre de Roches,
Le fruit défendu est un épi de blé, gravé sur une hoche.

Sur la fresque de la chapelle romane St – Jean des vignes à St – Placard,
Le fruit défendu serait une olive.
La liberté des arts
S'accordant ainsi à être une forme vive.

Le paradis était peuplé d'ombres et d'anges.

L'ange Michel, l'un des sept archanges majeurs
Chef de la milice céleste des anges du Bien, et de ses lueurs.
Il est principalement représenté au moment de la fin des temps
En chevalier sauroctone[10], qui terrasse le Diable, durant la guerre des anges
Cette guerre a lieu dans le firmament.

Elle oppose les fils des ténèbres aux fils de la lumière
Combat au ciel et sur terre
Est un épisode eschatologique tel qu'on le range
Dans le livre de l'Apocalypse du christianisme
Plusieurs prophètes y annoncent une guerre finale où le manichéisme
Annonce une guerre finale dans les cieux
Et une victoire définitive de Dieu ;
Et de Michel avec sa milice céleste d'anges venue
De Dieu sur Lucifer et ses anges déchus :
Allégorie symbolique de la victoire finale,
À la fin du monde, du Bien sur le Mal.
Dans l'instauration du royaume de Dieu, dans l'univers.

---

[10] Entités ayant chassé, tué, soumis ou dompté des dragons, vouivres et cocatrix.

C'est aussi Michel qui effectue la pesée des âmes du jour du jugement,
Juge et guide du salut des âmes pour l'Enfer
Ou le paradis, mais existent-ils vraiment ?

Michel est un personnage de la religion abrahamique,
Son nom vient de *Mîkhâ'êl* en hébreu, et de la racine étymologique
Quis ut Deus ? en latin, signifiant « *Qui est comme Dieu ?* »,
St Michel est appelé l'archange ou ange en chef au sein des cieux
Ou encore : prince des archanges, archange du premier rayon,
Diffuseur de la foi et du pardon,
Prince de tous les anges du bien,
Champion du bien.

Il terrasse entre autres Lucifer,
"Porteur de lumière"
Personnification du mal durant la guerre des anges
À l'instant liminal et étrange
De la fin des temps
Satan est réduit à néant.

Uriel ou Ouriel (nom d'origine sumérienne ; en grec ancien : Ουριήλ / *Ouriḗl* ;
En hébreu : אוריאל *Orial* ; en copte : *Ouriēl* ; en guèze et amharique : ዑራኤል *'Ura'ēl*
Ou ዑሪኤል *'Uri'ēl* ; en arabe : إسرافيل *Israfil*)
Il est le nom d'un archange de la tradition
Juive et chrétienne qui s'assimile
Comme le quatrième archange en fonction
Est vénéré comme saint
Par plusieurs courants chrétiens.

Comme quatrième archange, Uriel est ajouté
Aux trois archanges nommés
Pour représenter l'un des quatre points cardinaux : l'été.

Raphaël, de l'hébreu *refa* : guérir et *El* : Dieu c'est-à-dire Dieu guérit
Est le troisième archange de l'église catholique avec Michel et Gabriel.

Il est cité dans Le Livre de Tobie :
"*Moi, je suis Raphaël, l'un des sept anges qui se tiennent*
Ou se prosternent devant la gloire du Seigneur."[ix]
Des miracles à nouveau se révèlent
Au sein d'une certaine lueur
Depuis la splendeur du ciel
Et s'enchaînent.

Le Livre de Tobie, raconte l'histoire de deux hébreux :
Tobit, le père pas encore très vieux
Et Tobie, le fils provenant de la tribu de Nephtali.

Les miracles engendrés par ces personnages concernent des vies !
Tobit est exilé et bloqué à Ninive
Et devient aveugle, car il arrive
Qu'il reçoit une fiente d'oiseaux dans les yeux.
L'histoire montrera que cela fut voulu par Dieu.
Il demande alors à son fils Tobie
De partir à Médie[11]
Pour régler des soucis d'argent
Et rembourser une dette auprès de Gabaël, un de leurs parents.

C'est alors que sur le chemin Dieu envoie à Tobie,
Et que le miracle se produit.
L'ange Raphaël qui le conduit à Ecbatane, où il pêche un poisson
Dont il extrait, le cœur, le foie et le fiel, remèdes contre certains poisons.

Tobie rencontre ensuite une jeune femme du nom de Sara
Tourmentée par un démon
L'ange Raphaël explique à Tobie, la solution :
Il doit prendre cette femme pour épouse pour que le démon aille au-delà.

---

[11] Une ville dans le nord-ouest de l'Iran.

Tobie, en compagnie de l'ange Raphaël et de Sara retourne chez lui
Et soigne son père Tobit
Grâce au fiel du poisson.
Les miracles : un mariage heureux et la guérison.

Depuis la tradition juive Raphaël est également identifié
Comme l'un des trois visiteurs célestes reçus
(Les deux autres sont moins connus)
Par Abraham, au chêne de Mambré.
Selon la Bible : "Abram s'avança dans le pays
Jusqu'au territoire de Sichem, jusqu'à la plaine de Môré ;
Le Cananéen habitait dès lors ce pays."[x]

À l'endroit où le patriarche Abraham a planté sa tente
Et s'est entretenu, pendant la chaleur du jour :
"Abraham ne doit-il pas devenir une nation grande et puissante
Et une cause de bonheur pour toutes les nations de la terre ?"[xi]
Voici de Dieu, l'un des discours
Retranscrit pour des millénaires[12].

Gabriel (de l'hébreu : גַּבְרִיאֵל [ġabrīēl]) est un personnage du *Livre de Daniel*
Qui fait partie de la Bible hébraïque et du Nouveau Testament, appelé Cebrail
([Djébraïl]) dans différentes cultures, il apparaît sous le nom de Djibril
(Arabe : جِبْرِيل [jibrīl]) dans le Coran est un archange :
Considéré comme le principal messager de Dieu :
Sa parole vaut toutes celles des anges.
Il est considéré comme la main gauche de Dieu.

Gabriel vit "[…] un bélier qui se tenait en face du fleuve […]
[C'était une grande épreuve]
Aucune des bêtes ne lui résistait
Et personne ne pouvait se défendre contre ses coups.

___

[12] Voire l'éternité.

Il en faisait à sa volonté
Et allait grandissant [toujours debout]."[xii]

"Tandis que j'observais voilà qu'un bouc vint de l'occident,
Franchissant la surface de toute la terre sans toucher le sol ; [Volant]
Ce bouc avait une corne considérable entre les yeux […]."[xiii]
Et son aspect était furieux.

"[…] [Le bouc] se rua sur lui, dans le paroxysme de sa force."[xiv]
Et sa colère se renforce :
"[…] Il le jeta à terre, le foula aux pieds
Et personne ne put sauver le bélier de ses coups."[xv]
Le bouc semblait invincible, en vérité
Sa force et son pouvoir étaient foux.

"Et le bouc grandit prodigieusement ;
Mais au fort de sa puissance, la grande corne se brisa [violemment],
Et à sa place quatre autres cornes s'élevèrent dans la direction des quatre vents …"[xvi]

"[D'une de ces cornes] se haussa même jusqu'au ciel de cette armée,
Et fit tomber à terre une partie de cette armée
Et des étoiles et les foula aux pieds."[xvii]

"L'armée lui fut livrée en proie et en même temps
Que l'holocauste perpétuel.
[Voulu par l'Éternel]
Par suite de la rebellion
[Et sans attendre de pardon]
Elle terrassa la vérité et vit prospérer son œuvre."[xviii]
Telle fut la cruelle manœuvre.

"Puis j'entendis un saint prendre la parole et un [autre] saint
Demander à celui qui parlait [avec les mots et avec les mains]."[xix]

"Il me dit : "Je vais te faire connaître ce qui arrivera à la suite
De la tourmente [subite],

Car [cela à trait] à la période finale."[xx]
Évènement que certains pouvaient lire dans les étoiles.

"Le bélier que tu as vu […] désigne les rois de Médie et de Perse."[xxi]
Mais les fleuves impérieux ne traversent.

"Le bouc velu, c'est le roi de la Grèce ; la grande corne c'est le premier roi."[xxii]
"[…] Quatre royaumes sortiront de cette nation."[xxiii]
Du même endroit
Depuis une seule fusion.

"[…] Il s'élévera un roi arrogant et expert en astuces[13]."[xxiv]
Qui provoquera le hiatus.
"Grande sera sa force, […] il opérera des ruines extraordinaires, […]
Détruira des puissants et un peuple de saints [dans la lumière]."[xxv]

Le saint qui tenait ces propos avait une requête :
"[…] Tiens cette vision secrète,
Car elle se rapporte à des temps éloignés."[xxvi]
Loin de l'époque considérée.

La vision de Gabriel, appelée *"la force de Dieu"*, liée au pouvoir de la parole
Imprègne à tour de rôle
Les écrits saints.

Les chapitres sept à douze présentent les visions de Daniel.
Ces visions ont pour but d'interpréter l'histoire de manière fidèle
Et théologique. Couronnée à son terme par une annonce de la Fin,
Sous la plume d'un prophéte du passé des temps défunts
Afin, de prendre du recul par rapport au temps de l'écrivain.

La révélation se présente comme une sagesse venue d'en haut
Donnée aux croyants.

---

[13] Antiochus Épiphane.

Daniel est lui-même bénéficiaire des visions, et de ses mots
Qu'il ne réussit pas à interpréter sans l'aide d'un ange : Gabriel
il apparaît sous le nom de Djibril (arabe : جِبْرِيل [jibrīl]) dans le Coran.

La vision de la troisième année de Balthazar concerne un bélier
Qui représente les rois de Perse et de Médie
La Grèce étant représentée
Par un bouc, toujours inassouvi.
La grande corne du bouc est cassée
Pour être remplacée par quatre royaumes moins puissants.

La vision se consacre ensuite autour d'un roi impudent
Et expert en astuces qui opère des destructions prodigieuses
En supprimant les sacrifices au temple de Jérusalem, la merveilleuse
Pour une période de deux mille trois cents soirs et matins.
Mais cette tragédie prendra fin.

Ensuite, l'auteur attend le jugement final de ce roi
Dans les temps futurs avec le rétablissement du sanctuaire une nouvelle fois.

Table des matières

Ce jour 7
La Liberté 9
Je reviens 13
Les retrouvailles 17
La douleur 21
Demain 23
Le pardon 25
Le rêve 29
La danse 33
Le respect 41
L'impatience 45
Le tableau 49
Le jour 55

Références bibliographiques

[i] Lc, 23.24
[ii] Col, 3.13
[iii] Mt, 18.22
[iv] 1Sm, 15.25
[v] Jr, 31.19
[vi] Ps, 18.13
[vii] Lc, 7.47
[viii] Gn, 3.7
[ix] Tobie, 12.5
[x] Gn, 12.6
[xi] Gn, 18.18
[xii] Dn, 8.4
[xiii] Dn, 8.5
[xiv] Dn, 8.6
[xv] Dn, 8.7
[xvi] Dn, 8.8
[xvii] Dn, 8.10
[xviii] Dn, 8.12
[xix] Dn, 8.13
[xx] Dn, 8.20
[xxi] Dn, 8.20
[xxii] Dn, 8.21
[xxiii] Dn, 8.22
[xxiv] Dn, 8.23
[xxv] Dn, 8.24
[xxvi] Dn, 8.26